HALLO FOSSILIEN & MUSCHELN

LAURENCE KING

Laurence King Verlag GmbH
Jablonskistr. 27
10405 Berlin

Erschienen 2024 in Großbritannien unter dem Titel
Hello Fossils & Shells bei Laurence King Publishing.

ISBN: 978-3-96244-424-2

Hergestellt in China, 1. Auflage März 2024

FSC www.fsc.org MIX Papier | Fördert gute Waldnutzung FSC® C144853

Fachliche Beratung: Sarah Niemann und Derek Niemann
Übersetzung: Frederik Kugler

Laurence King ist ein Imprint der
Hachette Children´s Group
Part of Hodder and Stoughton
Carmelite House
50 Victoria Embankment
London EC4Y 0DZ

einem Unternehmen von Hachette UK
www.hachette.co.uk
www.hachettechildrens.co.uk
www.laurencekingverlag.de

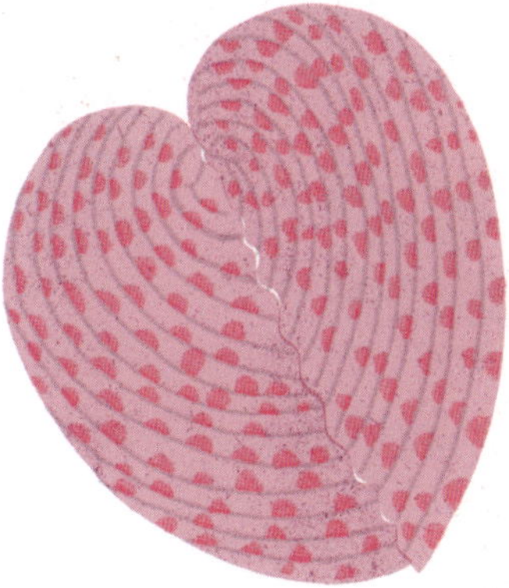

Nina Chakrabarti

HALLO FOSSILIEN & MUSCHELN

Ein kleiner Naturführer

LAURENCE KING

Die schönsten Dinge
erschaffen Natur und Zufall.

Platon

WAS ist eine MUSCHEL?

Jede leere Muschel- oder Schneckenschale war einmal das gemütliche Zuhause eines Lebewesens.

Die Schalen schützen die weichen Körper von kleinen Tieren, die Weichtiere genannt werden.

Wenn das Weichtier wächst, wächst seine Schale mit, wie ein lebender Mantel!

Wenn ein Meeresweichtier stirbt, löst sich sein weicher Körper im Meer auf, während der harte Teil (die Schale) vielleicht an einen Strand gespült wird.

WAS ist ein FOSSIL?

Fossilien sind versteinerte Spuren vergangenen Lebens. Sie können kleiner als ein Floh oder größer als ein T-Rex sein.

Fossilien können ...

... die erhaltenen Überreste einer Pflanze oder eines Tieres sein, ...

... der Abdruck oder die Form ihres Körpers ...

... oder die Spuren eines Tieres, als es noch lebte.

VERSTEINERTE ÜBERRESTE

Es gibt zwei Arten von Fossilien: Körperfossilien und Spurenfossilien. Beide sind üblicherweise aus Stein.

KÖRPERFOSSILIEN entstehen, wenn Tiere sterben und unter Sand, Schlamm oder Asche begraben werden.

Die weichen Teile verwesen, sodass nur Skelett und Zähne zurückbleiben.

Mit der Zeit lösen sich die Knochen auf, und Wasser sickert in die zurückgebliebenen Hohlräume.

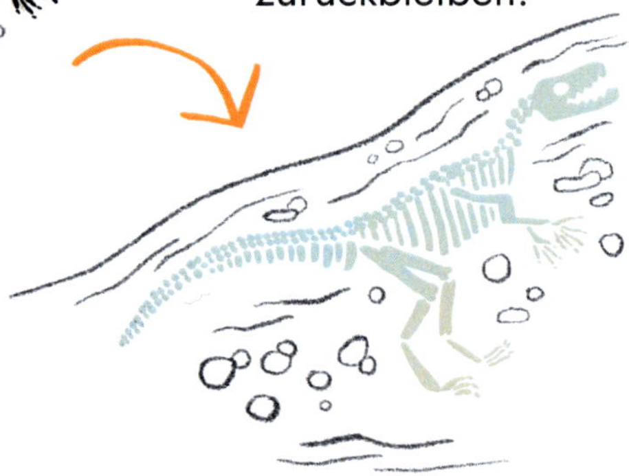

Im Laufe von Jahrmillionen verwandeln Mineralien im Wasser die Hohlräume zu Stein. Tadaa! Ein Fossil ist entstanden!

SPURENFOSSILIEN sind Steine mit
Spuren von Tieren oder Pflanzen.

Das können die Fußabdrücke eines uralten Vogels sein, ...

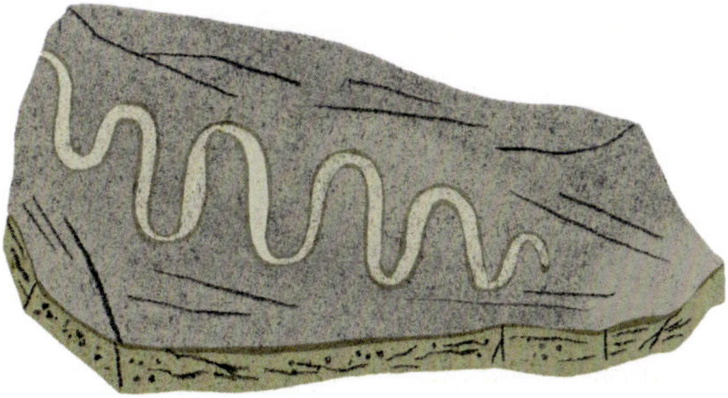

... die Spuren einer Schlange im Schlamm ...

... oder sogar Dinokacke!

Mehr über Fossilien zu erfahren bedeutet, die Vergangenheit besser zu verstehen.

GEFANGEN in BERNSTEIN

Bäume sondern zähes Harz ab, um Wunden in ihrer Rinde zu verschließen.

Wenn Harz aus einem Baum sickert, können Insekten und Pflanzenteile in diesem klebrigen Saft eingeschlossen werden.

Im Laufe von Jahrmillionen härtet das weiche Harz zu einem Gestein namens Bernstein aus.

Ein in Bernstein eingeschlossenes Insekt zu betrachten, ist wie ein Blick in die Vergangenheit. Das Tier, das du ansiehst, könnte vor Millionen von Jahren gelebt haben!

Wenn du die Insekten aus ihren Bernsteingräbern befreien würdest, würden sie wahrscheinlich zu Staub verfallen.

FANTASTISCHE TRILOBITEN

Die Urmeere waren einst voller Trilobiten, die auf dem Meeresboden herumwuselten. Diese kleinen Kreaturen existierten Millionen von Jahren vor den Dinosauriern!

Actinopeltis globosus

Redlichia takooensis

Lonchodomas volborthi

Die Trilobiten haben sich über einen langen Zeitraum entwickelt. Bisher wurden mehr als 15.000 Arten entdeckt.

Die Trilobiten sind vor 250 Millionen Jahren ausgestorben, aber da es so viele Fossilien gibt, wissen wir, wie sie aussahen, als sie noch lebten.

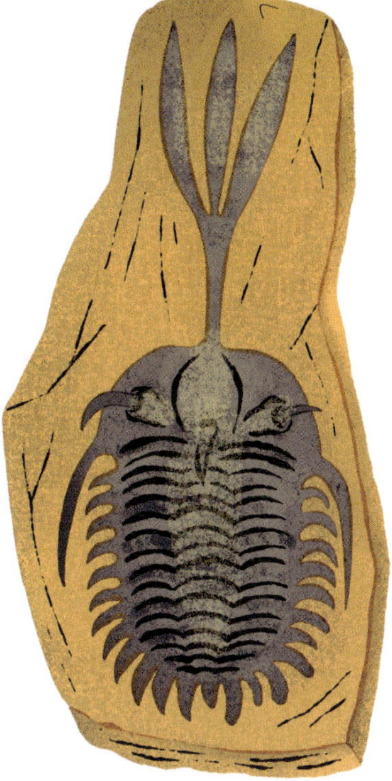

Walliserops trifurcatus

Wusstest du, dass Trilobiten entfernt mit Spinnen verwandt sind?

Miraspis mira

Eldredgeops rana

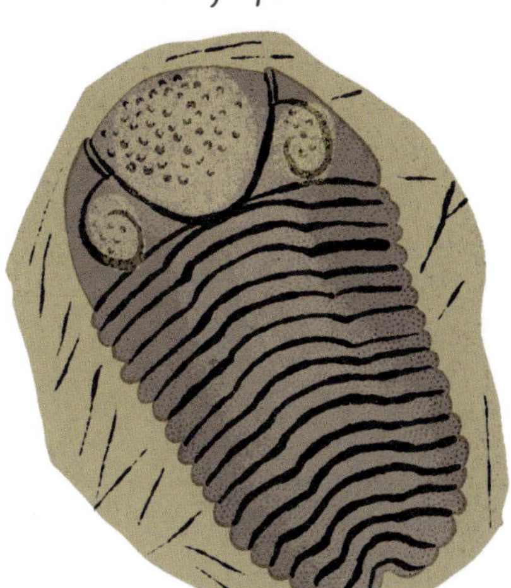

GEHE AUF FOSSILIENSUCHE!

Fossilien wurden auf allen Kontinenten der Erde gefunden. Wahrscheinlich ist auch ein Fossil in deiner Nähe!

Du brauchst:

* Einen Pinsel, um Sand und Schmutz zu entfernen
* Eine Lupe, um deine Entdeckungen zu inspizieren

Viele große GEBÄUDE und STÄDTE wurden aus alten Steinen erbaut. Halte Ausschau nach Fossilien in den Stufen, die du hinaufgehst, oder im Kies, über den du läufst.

Suche am STRAND nach:

BELEMNITEN

AMMONITEN

HAIZÄHNEN

SEESTERNEN

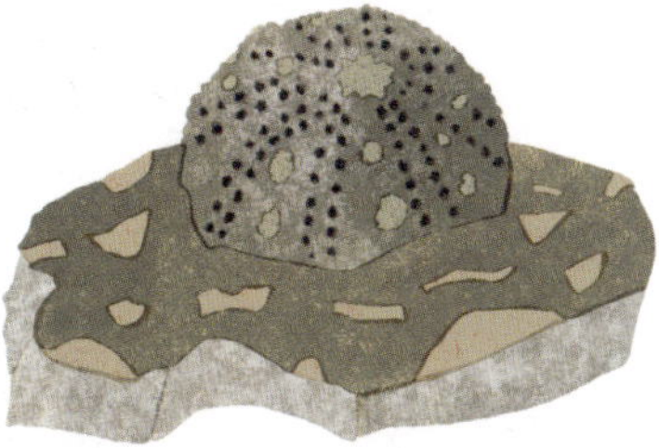

SEEIGELN

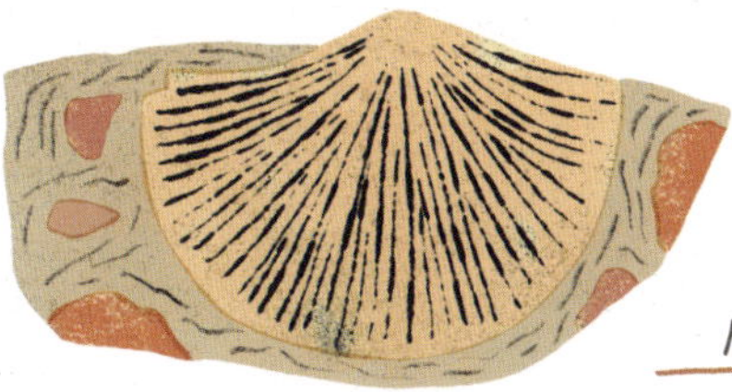

MUSCHELN

Aber lass die Fossilien liegen, damit auch andere sie finden und sich über sie freuen können.

ERSTAUNLICHE AMMONITEN

Ammoniten waren prähistorische Meerestiere, die zur selben Zeit ausstarben wie die Dinosaurier.

Die Ammoniten, die in den Urmeeren schwammen, sind die Vorfahren der heutigen Kraken, Kalmare und Sepien.

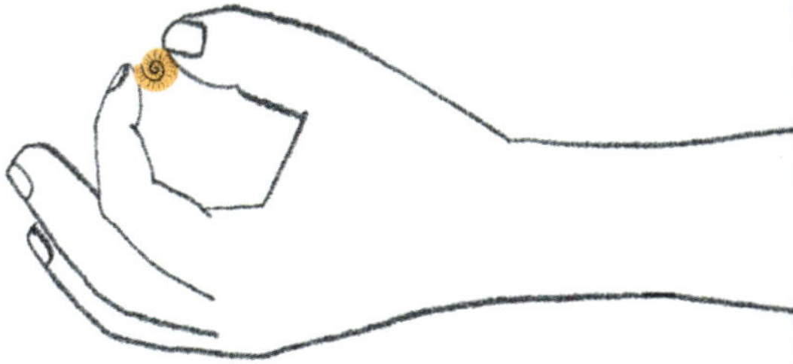

Einige Ammoniten waren
winzig und andere RIESIG!

Fossilien von Ammoniten wurden überall
auf der Welt in großer Zahl gefunden.

STACHELHÄUTER

Stachelhäuter leben seit über 450 Millionen Jahren auf der Erde. Die meisten haben harte Teile, die leicht versteinern.

HAARSTERN-FOSSIL

Saccocoma pectinata

SCHLANGENSTERN-FOSSIL

ophiura palliata

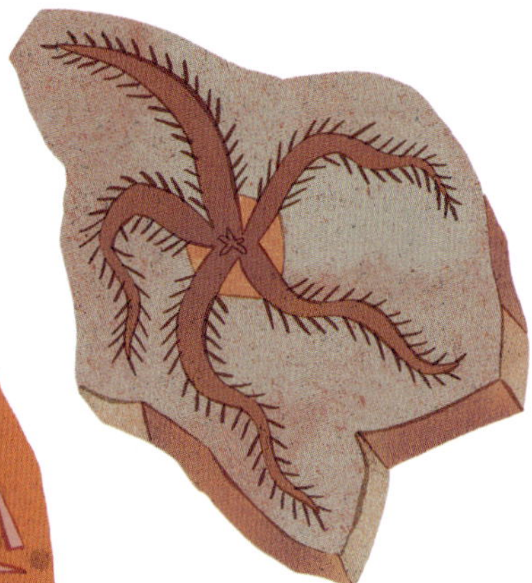

LANGSTACHELIGES SEEIGEL-FOSSIL

Hemicidaris intermedia

Stachelhäuter bilden eine große Gruppe von Meeresbewohnern, zu denen Seesterne, Sanddollars und Seelilien gehören.

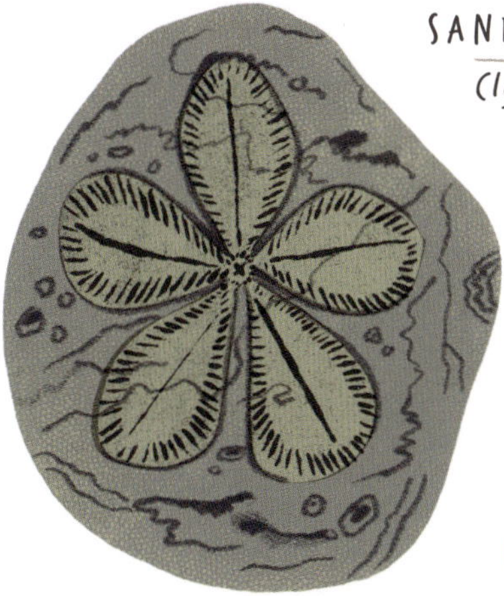

SANDDOLLAR-FOSSIL

Clypeaster rosaceus

SEELILIEN-FOSSIL

Periechocrinus moniliformis

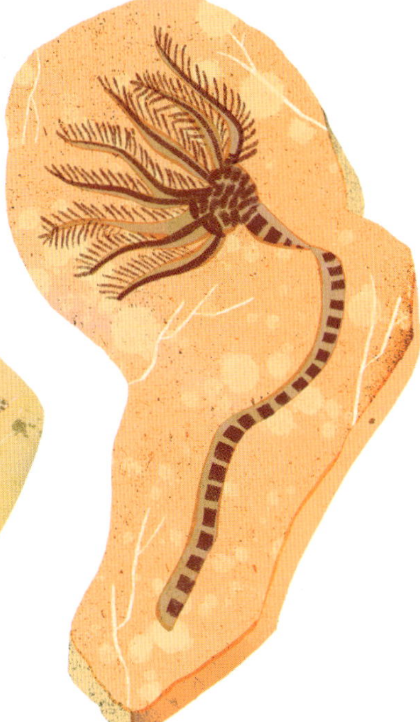

SEESTERN-FOSSIL

Pentasteria longispina

Viele Stachelhäuter haben fünf Arme, die aus einem Zentrum herauswachsen.

LEBENDE FOSSILIEN

Lebende Fossilien sind heute noch lebende Pflanzen und Tiere, die sich über Millionen von Jahren kaum verändert haben.

PFEILSCHWANZKREBS

Limulus polyphemus

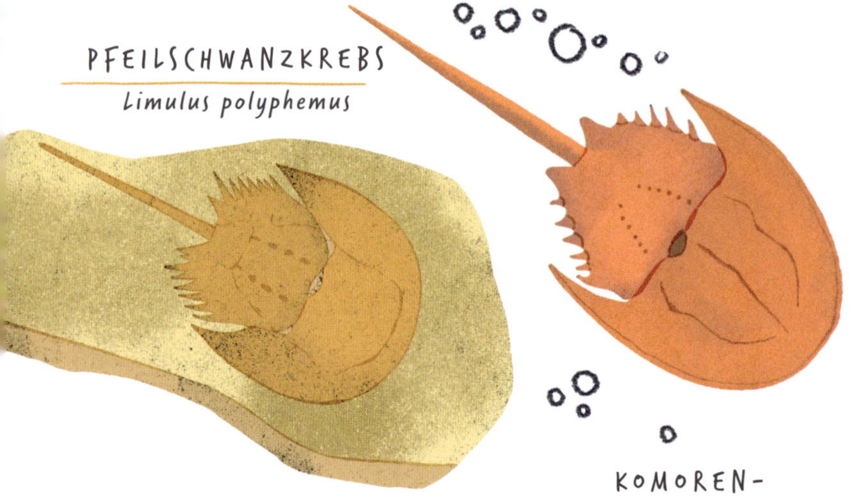

KOMOREN-QUASTENFLOSSER

Latimeria chalumnae

GINKGOBAUM

Ginkgo biloba

TEUFELSFARN

osmunda claytoniana

VERSTEINERTE MEERESTIERE

Muschelfossilien sind die Überreste von uralten Meereslebewesen, die vor Millionen von Jahren in prähistorischen Ozeanen lebten.

FOSSILE GEHÄUSE

Da die Schalen hart sind, bleiben sie sehr lange in Schlamm oder Sand gepresst erhalten.

Muschelfossilien dokumentieren, wie sich die Umwelt der Erde im Laufe der Zeit verändert hat. Wenn diese Fossilien in heutigen Wüsten oder Gebirgen vorkommen, waren diese Flächen einst von Urmeeren bedeckt.

FOSSILE MUSCHELN

AM STRAND

Hebe das nächste Mal, wenn du am Strand bist, eine Muschel auf und sieh sie dir genau an. Hast du eine von diesen hier schon mal gesehen?

DATTELMUSCHEL

Pholas dactylus

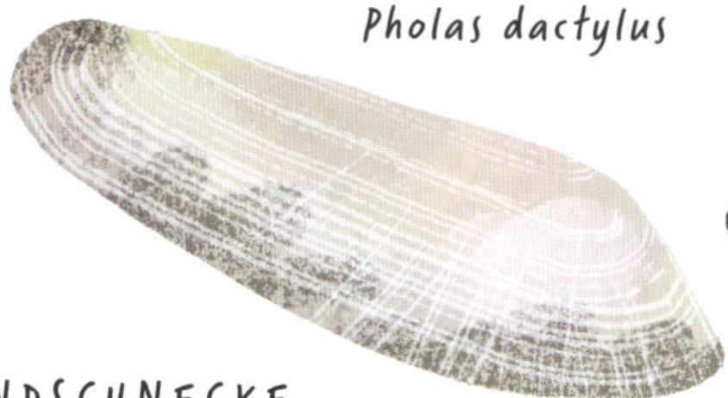

GROSSE STRANDSCHNECKE

Littorina littorea

EUROPÄISCHE AUSTER

ostrea edulis

RASIERMESSER-MUSCHEL

Siliqua patula

An Felsen und in Rockpools siehst du diese hier:

FELSEN-ENTENMUSCHEL
Pollicipes pollicipes

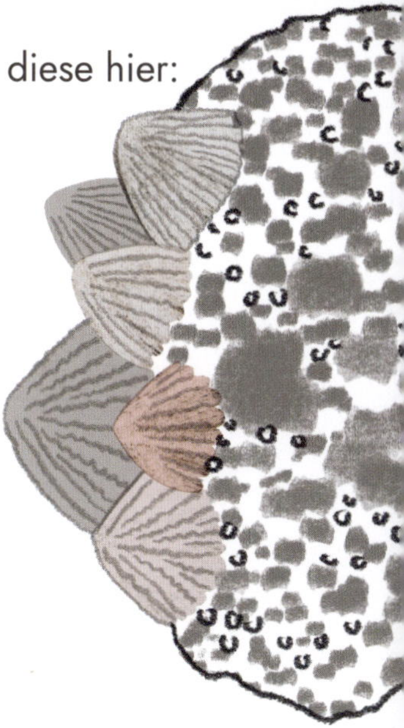

GEMEINE NAPFSCHNECKE
Patella vulgata

GEMEINER EINSIEDLERKREBS
Pagurus bernhardus

Einsiedlerkrebse beziehen leere Schneckenhäuser und wechseln im Laufe ihres Wachstums in größere Gehäuse.

MUSCHELN und SCHNECKEN

Muscheln haben zwei gleiche Schalen, die durch eine Art Scharnier verbunden sind. Schnecken haben ein einziges, meist spiralförmiges Gehäuse.

Muscheln haben starke Muskeln, mit denen sie ihre Schalen bei Gefahr schnell zuklappen können.

HERZMUSCHEL
Corculum cardissa

GRÜNE MIESMUSCHEL
Perna viridis

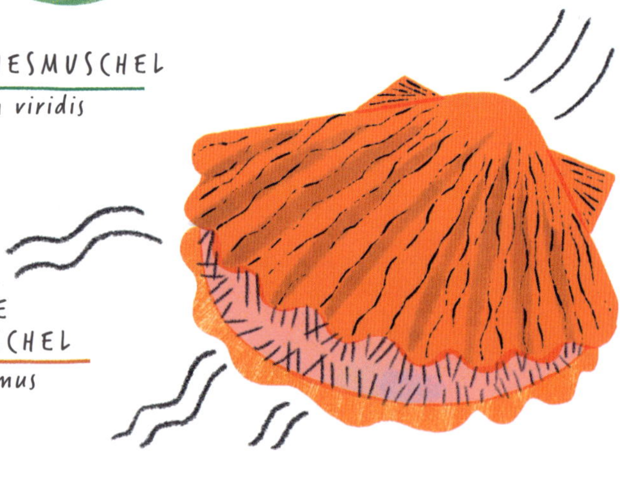

GROSSE PILGERMUSCHEL
Pecten maximus

Manche Muschelarten wie Kammmuscheln klappen zum Schwimmen ihre Schalen auf und zu.

Wissenschaftlich heißen Schnecken GASTROPODA. Sie können an Land und im Wasser vorkommen.

FARBENFROHE MONDSCHNECKE

Naticarius canrena

Meeresschnecken haben mit die schönsten und interessantesten Gehäuseformen und -muster.

TRITONSHORN

Charonia tritonis

VERBLÜFFENDE MUSTER

Manche Muscheln und Schnecken haben prächtig gemusterte Schalen. Das Muster entsteht, wenn die Schale wächst oder repariert werden muss.

ZELTLAGERMUSCHEL

Lioconcha castrensis

SONNENUHRSCHNECKE

Architectonica perspectiva

GLABELLA PSEUDOFABA

Glabella pseudofaba

SCHRAUBENSCHNECKE

Hastula lanceata

SPINDELKAURIE

Volva volva

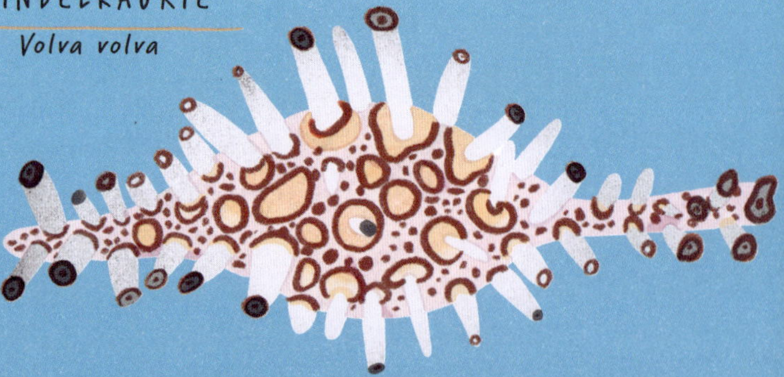

SCAPHELLA JUNONIA

Scaphella junonia

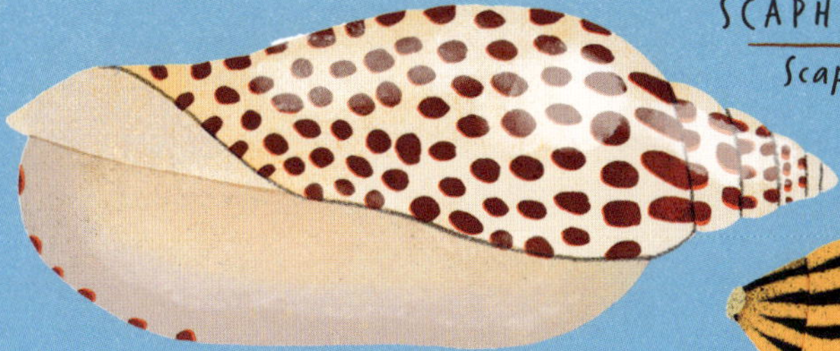

VITTA ZEBRA

Vitta zebra

AULICA IMPERIALIS

Aulica imperialis

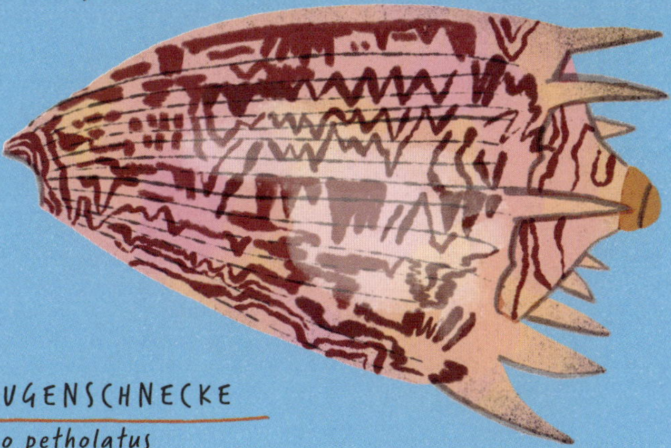

KATZENAUGENSCHNECKE

Turbo petholatus

CYPRAEA ARGUS

Cypraea argus

FASZINIERENDE FORMEN

Muscheln und Schnecken gibt es in allen Formen und Größen. Ihre Schalen können stachelig oder glatt sein und ihnen hervorragenden Schutz bieten.

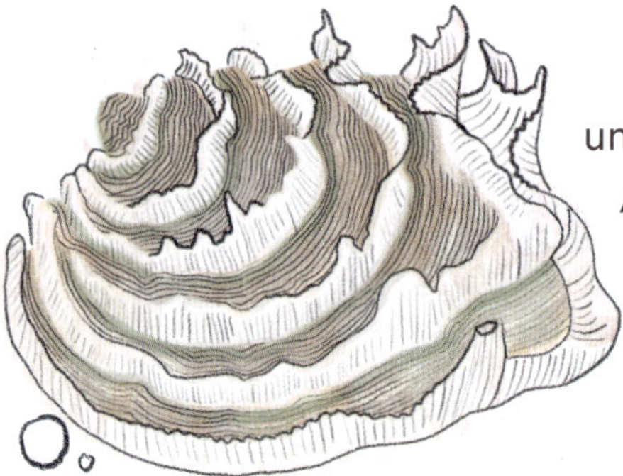

Einige Weichtiere haben unförmige Schalen, die kaum Angriffsflächen bieten, ...

HOCHZEITSTORTEN-VENUSMUSCHEL

Bassina disjecta

GROSSE RIESENMUSCHEL

Tridacna gigas

... andere haben dicke Schalen, die schwer zu zerstören sind.

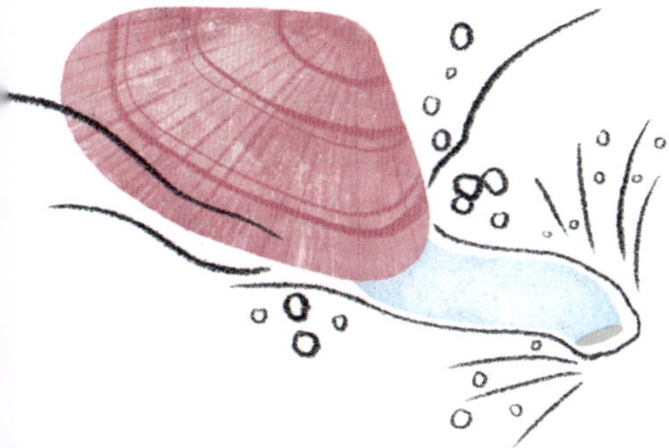

SÄGEZAHNMUSCHEL

Donax trunculus

Glatte Schalen helfen Weichtieren, Fressfeinden zu entkommen und sich schnell im Sand zu vergraben.

Diese Weichtiere haben spitze Stacheln, …

VENUSKAMMMSCHNECKE

Murex pecten

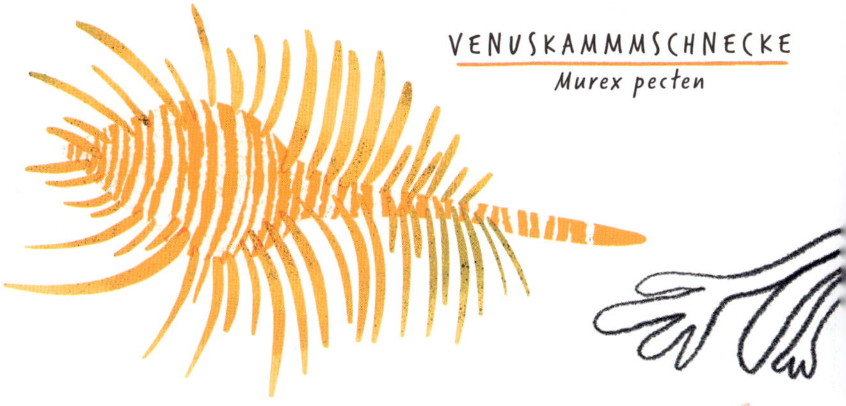

… die sie davor schützen, gefressen zu werden.

ATLANTISCHE STACHELAUSTER

Spondylus americanus

BUNT und FARBENFROH

Muscheln und Schnecken aus warmen, tropischen Gewässern sind meist bunter als die aus kalten Gewässern.

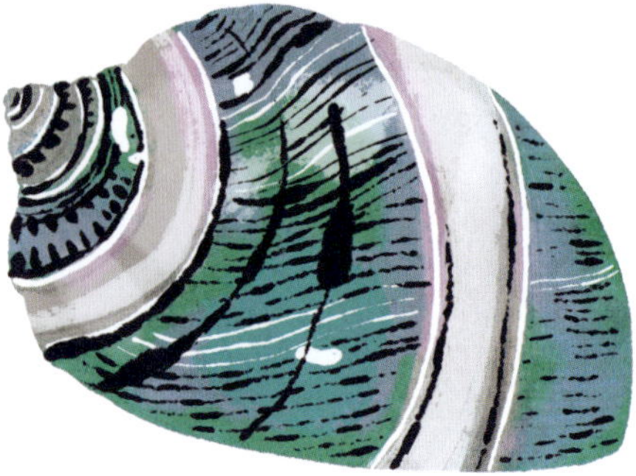

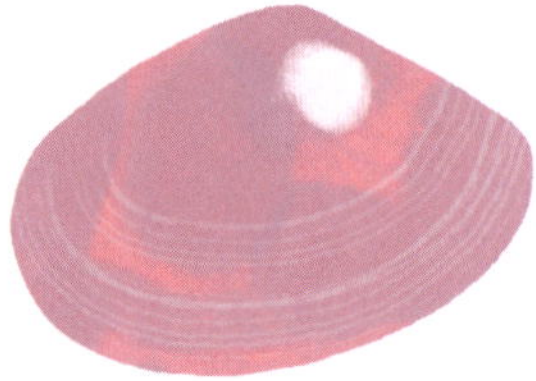

TELLMUSCHEL
Tellina lineata

GRÜNE TURBANSCHNECKE
Turbo marmoratus

KAMMMUSCHEL
Chlamys squamosa

ERDBEERSCHNECKE
Clanculus puniceus

ROTE HELMSCHNECKE
Cypraecassis rufa

Einige Muscheln sind innen viel farbenfroher als außen.

OTTERMUSCHEL

Lutraria rhynchaena

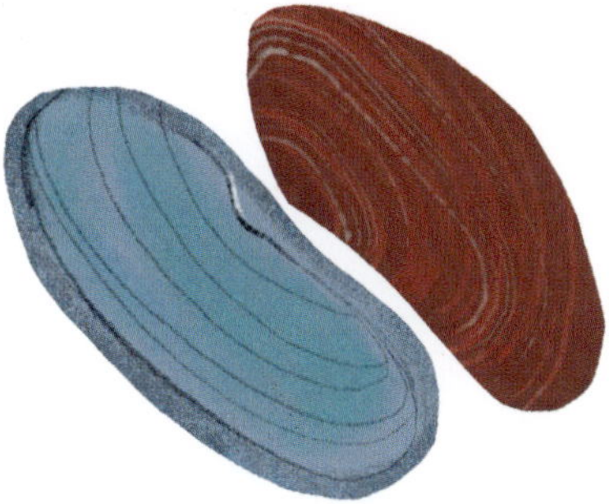

PAZIFISCHE SANDMUSCHEL

Asaphis violascens

VIOLETTE MAHAGONI-MUSCHEL

Nuttallia obscurata

PĀUA

Haliotis iris

FOSSILIEN-ABDRUCK

Sammle Muscheln am Strand und stelle deine eigenen Fossilienabdrücke her.

Du brauchst:

* Modelliermasse (Knete)
* Einen Strand mit vielen Muscheln

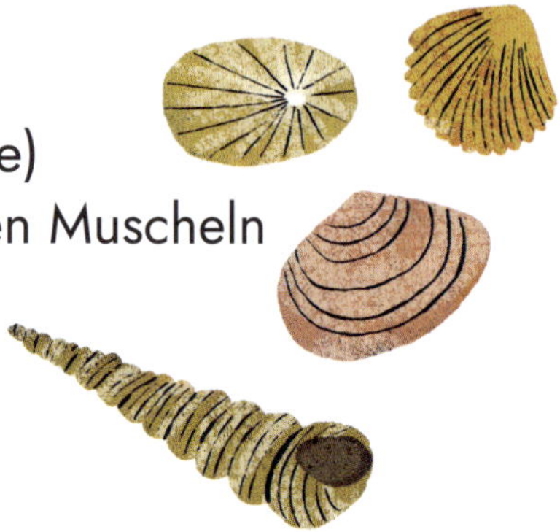

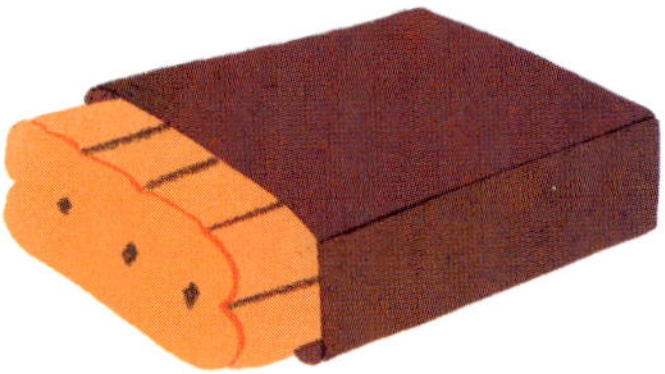

1. Teile die Knete in verschieden große Bälle auf.

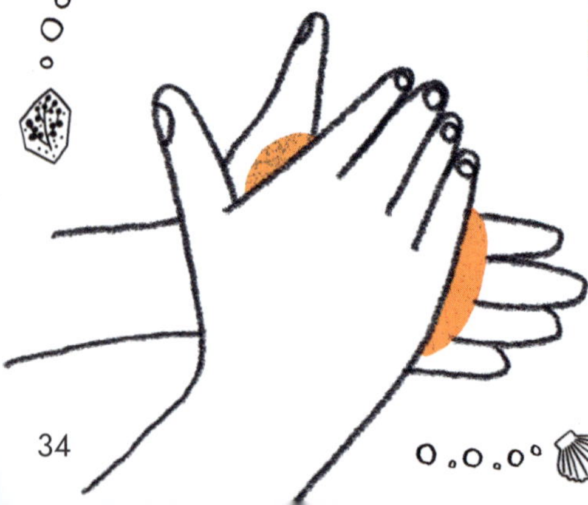

2. Drücke jeden Ball zu einer flachen Scheibe.

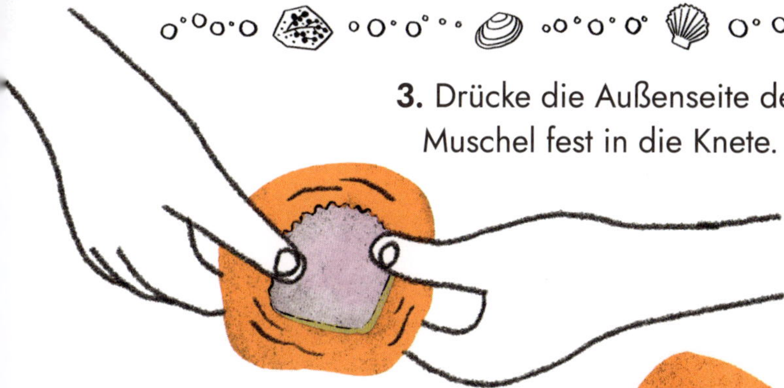

3. Drücke die Außenseite der Muschel fest in die Knete.

4. Entferne die Muschel vorsichtig, um einen perfekten Abdruck zu erhalten.

Tipp: Wähle für tolle Abdrücke Muscheln mit vielen Rillen aus.

Lass die Muscheln am Strand liegen, wenn du fertig bist. Dort sind Tiere, die sie dringender brauchen als du!

SCHRAUBEN- und WURMFORMEN

Schrauben- und wurmförmige Gehäuse waren einmal das Zuhause von Meeresschnecken.

TELESKOPSCHNECKE
Telescopium telescopium

GROSSE TURMSCHNECKE
Turritella terebra

Schraubenförmige Gehäuse haben eine in sich gedrehte, langgestreckte, spitz zulaufende Form.

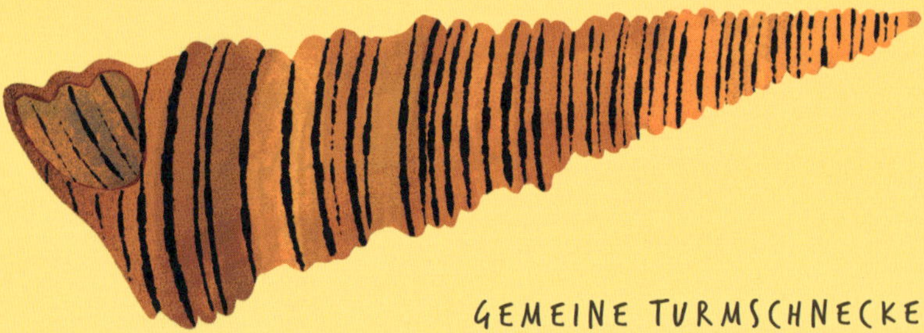

GEMEINE TURMSCHNECKE
Turritella communis

SPIRALWURMSCHNECKE
Siliquaria anguina

SPIRALWURMSCHNECKE
Siliquaria armata

Wurmförmige Gehäuse sehen aus wie versteinerte gewundene Würmer.

Sie kleben oft an Felsen und Steinen und sind dadurch schwer zu erkennen.

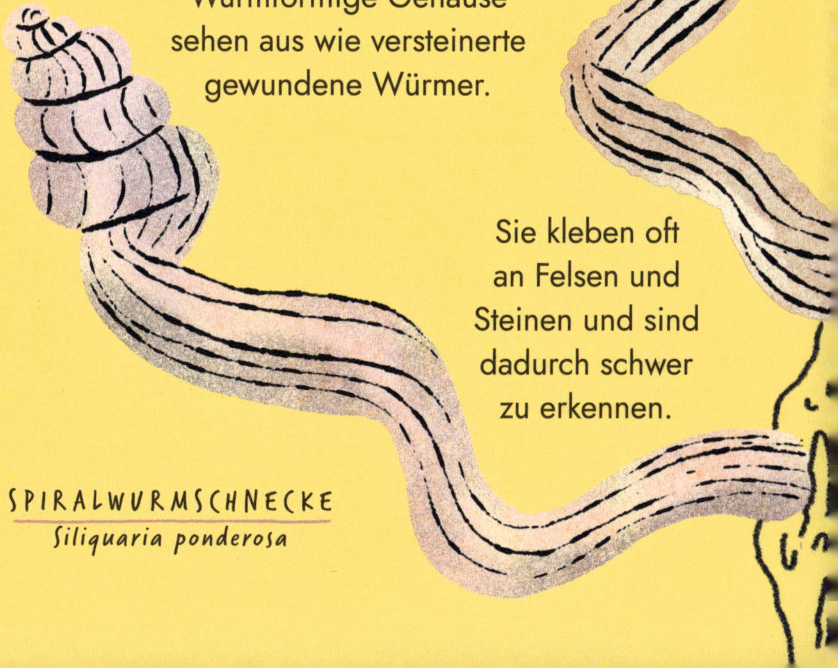

SPIRALWURMSCHNECKE
Siliquaria ponderosa

STOSSZAHNFORMEN

Die Tiere, die in stoßzahnförmigen Gehäusen leben, haben weder Kopf noch Augen – aber einen kräftigen Fuß! Sie werden Kahnfüßer genannt.

Sie graben sich mit ihrem Fuß in den Sand ein, um sich vor Fressfeinden zu verstecken.

LANGER ELEFANTENZAHN
Antalis longitrorsa

ELEFANTENZAHN

Dentalium elephantinum

DENTALIUM OCTANGULATUM

Dentalium octangulatum

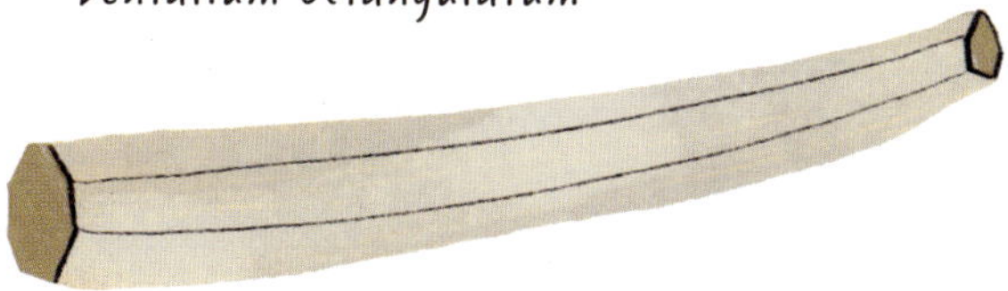

NORDEUROPÄISCHER ELEFANTENZAHN

Antalis entalis

RHABDUS RECTIUS

Rhabdus rectius

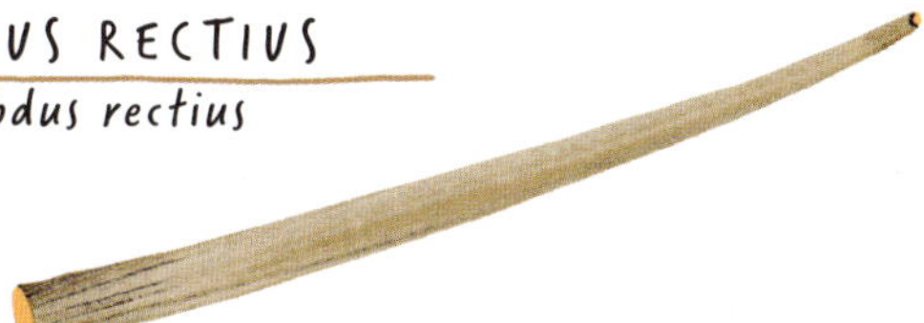

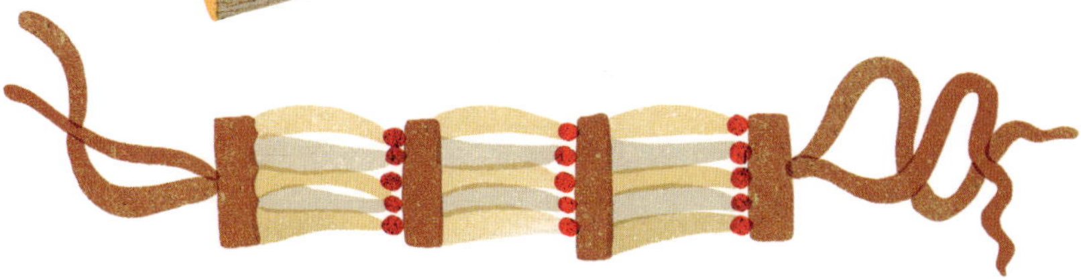

Die Gehäuse von Kahnfüßern werden von den Ureinwohner*innen Nordamerikas zu Schmuck und Kleidung verarbeitet.

KEGELFORMEN

Kegelschnecken sind nicht nur wunderschön, sie gehören auch zu den giftigsten Meeresschnecken.

MARMORKEGEL

Conus marmoreus

LANDKARTENKEGEL

Conus geographus

Kegelschnecken schleudern einen pfeilartigen Giftzahn heraus, um ihre Beute zu lähmen und einzufangen.

Kegelschnecken gibt es in einer schillernden Vielfalt von erstaunlichen Mustern.

BUCHSTABENKEGEL
Conus litteratus

CONUS HIEROGLYPHUS
Conus hieroglyphus

WEBERKEGEL
Conus textile

Kegelschnecken leben in tropischen Gewässern. Es existieren über 900 Arten.

FLÜGELFORMEN

Flügelschnecken haben eine flügelförmige Schalenöffnung. Ihre Gehäuse sind oft mit Stacheln besetzt.

FALKENFLÜGEL-SCHNECKE

Lobatus raninus

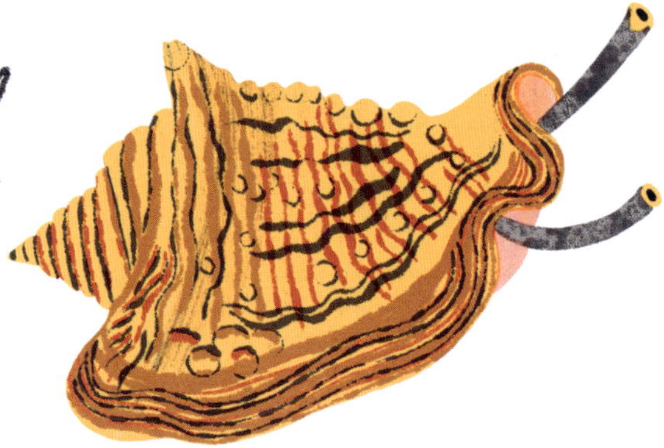

SKORPIONS-FLÜGELSCHNECKE

Lambis scorpius

Flügelschnecken leben im Seegras warmer, tropischer Gewässer.

Sie haben ihre Augen an den
Enden ihrer langen Fühler ...

BLUTMUND-FLÜGELSCHNECKE
Conomurex luhanus

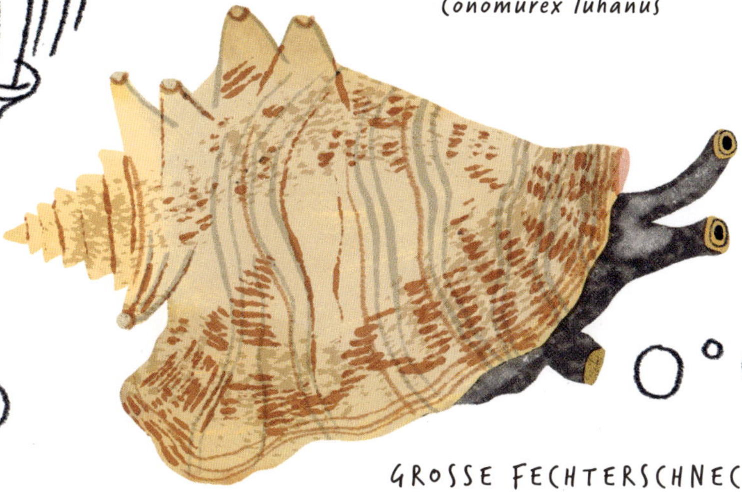

GROSSE FECHTERSCHNECKE
Lobatus gigas

... und einen Fuß, mit dem sie sich
über den Meeresboden bewegen.

MUSCHELN und KULTUR

Kegelschneckengehäuse werden in wichtigen hinduistischen und buddhistischen Zeremonien oft wie ein Horn geblasen.

Ein Shellycoat ist ein schelmischer Wassergeist aus Nordengland. Er trägt einen Mantel aus Muscheln, die klappern, wenn er sich bewegt.

Kaurischneckengehäuse wurden einst als Währung verwendet. In Ghana gibt es eine Briefmarke mit einer Kaurischnecke in Erinnerung daran.

Eine Schöpfungsgeschichte aus Nauru, einer Insel im Pazifik, erzählt davon, wie die Welt aus einer Muschelschale entstand.

Diese fossilisierte Austernschale wird „Zehennagel des Teufels" genannt. Im Mittelalter glaubten die Menschen, dass sie vor Rheuma schützt.

Seeohren-Muschelschalen werden oft in indigenen Zeremonien in Nordamerika und Polynesien verwendet.

GROSSARTIGE FOSSILIENFUNDE

Jedes Fossil erzählt eine erstaunliche Geschichte über das Leben auf der Erde.

METASPRIGGINA WALCOTTI zeigt uns, wie die ersten Fische vor etwa 500 Millionen Jahren ausgesehen haben könnten.

Dieses 1676 gefundene Fossil hielt man für die Überreste eines Riesen! Tatsächlich war es einer der ersten Dinosaurier, die entdeckt wurden – der MEGALOSAURUS.

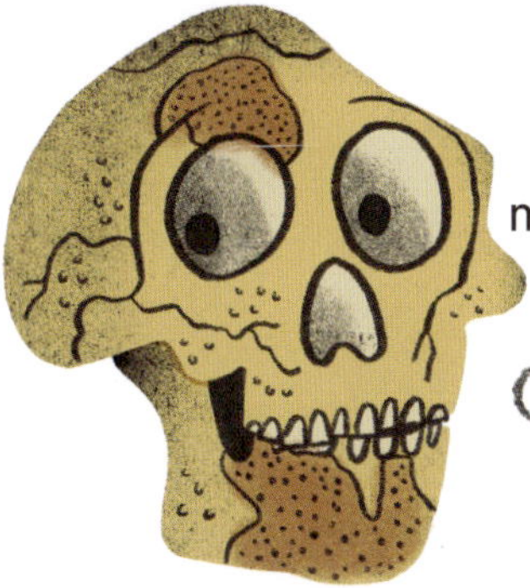

1974 wurde ein 3,2 Millionen Jahre altes Fossil einer frühen menschlichen Vorfahrin in Äthiopien entdeckt. Man nannte sie Lucy.

Dieses Pflanzenfossil, GLOSSOPTERIS, wurde vom Polarforscher Robert Falcon Scott in der Antarktis gefunden. Es bewies, dass die Kontinente der Erde einst miteinander verbunden waren.

Geschichtete Gesteinsformationen, STROMATOLITHEN, lehren uns etwas über die ersten lebenden Organismen auf der Erde: Bakterien. Sie sind auch die ältesten lebenden Fossilien der Welt*.

*siehe Seite 20–21

EIN HERZ für FOSSILIEN und MUSCHELN

1. Fotografiere alle Muscheln oder Fossilien, die du finden kannst. Lege eine Münze daneben, bevor du sie fotografierst, damit die Größenverhältnisse sichtbar werden.

2. Nimm deine Funde nicht mit. Muscheln und Gehäuse können von anderen Tieren und Pflanzen als Schutz genutzt werden. Sie brauchen sie mehr als du!

3. Solltest du ein besonders ungewöhnliches Fossil finden, informiere das örtliche Museum. Vielleicht interessiert man sich dort für deine Entdeckung!

4. Wenn du das Glück hast, ein Fossil zu finden, lass es dort liegen, wo du es gefunden hast. Es ist wichtig für die Wissenschaft zu wissen, wo genau ein Fossil gefunden wurde.